BALLONSPIELE

BALLONSPIELE

gesammelt und herausgegeben von
Melanie Koßmann

DU KENNST MICH SCHLAFF, DU KENNST MICH
RUND, ICH MACHE ALLE FESTE BUNT.

JETZT HOL TIEF LUFT UND PUST´ MICH AUF,
DENN SPIELEN KANNST DU MIT MIR AUCH!

**Capt. Swings
geheime Bibliothek**

Bibliografische Information der Deutschen Nationalbibliothek Die Deutsche Nationalbibliothek verzeichnet diese Publikation in der Deutschen Nationalbibliografie; detaillierte bibliografische Daten sind im Internet über www.dnb.de abrufbar.

© 2021 by Melanie Koßmann
Herstellung und Verlag:
BoD – Books on Demand, Norderstedt
ISBN 9 783755 716587

INHALT

BALLONSPIELE

ANZIEHEN

Außer einem Ballon brauchen wir für dieses Spiel einen großen Pullover oder eine lockere Jogginghose.

Das Ziel dieses Spiels ist es, das Kleidungsstück, Pullover oder Hose, so schnell wie möglich anzuziehen und dabei den Luftballon durch Antippen ständig in der Luft zu halten. Er darf nicht den Boden berühren. Kommt der Ballon auf den Boden, bevor man mit Anziehen fertig ist, hat man verloren und der nächste Spieler ist an der Reihe.

Variation: Schuhe anziehen und zubinden.

LUSTIGE FUSSPOST

Beliebig viele Kinder sitzen im Kreis auf dem Boden, die Beine zur Mitte ausgestreckt. Nun wird ein Luftballon mit beiden Füßen an den Nachbarn weitergegeben.

Die Hände dürfen dabei natürlich nicht benutzt werden.

Variation: Mehrere Ballons sind im Spiel und wenn sie sich begegnen wird ein Richtungswechsel vorgenommen.

GABELPOST

Spiel für eine kleinere oder größere Gruppe. Wir brauchen zusätzlich zum Ballon noch zwei Gabeln.

Die Kinder sitzen im Kreis und geben mit Hilfe der beiden Gabeln den Luftballon reihum weiter. Man kann mit den Gabeln etwas in den Ballon pieksen, um ihn besser zu halten, aber nicht zu viel, sonst platzt er. Man sollte vielleicht noch einige Ballons in Reserve haben.

STAFFELLAUF

Ein Spiel für mindestens 4 Kinder. Wir brauchen zusätzliches zu 2 Ballons noch 2 Kochlöffel oder Fliegenklatschen. Es werden 2 Gruppen gebildet. Dann wird eine Strecke abgesteckt und die Endlinien markiert. Wenn das Startsignal ertönt, versuchen die Kinder möglichst schnell den Ballon auf dem Kochlöffel (der Fliegenklatsche) von A nach B zu transportieren. Dort übernimmt ein anderes Kind aus der Gruppe den Ballon und läuft in die entgegengesetzte Richtung, zum Startpunkt zurück. Je nach Zahl der Kinder gibt es mehrere Staffeln. Fällt der Ballon auf den Boden, muss man ihn aufheben und zu dem Punkt zurückkehren , wo er gefallen ist.

Um das Spiel zu erleichtern, sollte der Ballon nicht zu prall aufgepustet werden. Man kann ihn auch mit ein wenig Wasser füllen.

DER GRÖSSTE BALLON GEWINNT

Zwei Kinder stehen Rücken an Rücken und versuchen, einen Luftballon aufzublasen, dieser darf allerdings nicht zerplatzen! Wer den größten Ballon schafft, gewinnt!

Variation: einen Luftballon mit verbundenen Augen aufblasen. Es erhöht die Spannung und das Risiko, denn man sieht nicht wie groß der eigene Ballon oder der der anderen Spieler ist.

Steigerung: die Kinder halten in jeder Hand einen Ballon und blasen sie mit verbundenen Augen abwechselnd auf. Wenn der Ballon platzt ist man ausgeschieden. Das Kind mit dem größten Ballon gewinnt!

ANMALEN

Jedes Kind bekommt einen Luftballon und darf mit wasserfesten Stiften darauf ein Gesicht malen. Lustiger und abwechslungsreicher wird es, wenn die Kinder malerisch verschiedene Emotionen darstellen z.B. ein trauriges, erschrockenes oder lachendes Gesicht.

Auch können Wollsträhnen als Haare aufgeklebt, Wimpern oder Schleifen gemalt werden. Der Phantasie sind dabei keine Grenzen gesetzt.

Wir brauchen als zusätzliches Material: wasserfeste Stifte, Wolle, Kleber.

ZIELWERFEN

Wir brauchen zu diesem Spiel zusätzlich verschieden große Schüsseln und Eimer. Jedes dieser Gefäße bekommt eine Punktzahl. Diese werden in einer gewissen Entfernung beieinander aufgestellt. Jedes Kind erhält einen Ballon, bläst ihn auf und versucht ihn durch das Entweichen der Luft in einen der Behälter fliegen zu lassen. Es bekommt dann die Punktzahl des Gefäß.

Da dies kaum zu steuern ist, kann man die Geschicklichkeit trainieren, indem die Ballons zugeknotet und geworfen werden oder auch mit etwas Wasser gefüllt, damit sie schwerer sind.

LUFTBALLONS TAUSCHEN

Hier kann man nur mit Glück gewinnen. Wir brauchen Luftballons in vier verschiedenen Farben und jede Farbe ungefähr gleich oft und insgesamt so viele Ballons wie Kinder mitspielen. Einem Kind werden die Augen verbunden und es darf den Pausenknopf der Musikanlage bedienen.

Wenn jedes Kind einen aufgeblasenen Luftballon bekommen hat, beginnen die Kinder zur Musik zu tanzen. Dabei tauschen sie ständig die Luftballons untereinander aus. Nach einer Weile drückt das Kind an der Anlage plötzlich Pause und ruft laut eine Farbe, z.B. Blau. Alle Kinder, die jetzt einen blauen Ballon in der Hand haben, bekommen einen Punkt. Spielen wir mal fünf Runden und schauen, wer die meisten Punkte hat.

STATISCHE LADUNG

Kinder lernen sehr schnell, dass ein Ballon, wenn er an Wolle oder den Haaren gerieben wurde, kleben bleibt. Am Besten spannt man Klarsichtfolie an die Wand (die auch von selbst kleben bleibt). Die Ballons werden aufgeblasen und zugeknotet. Nun wird der Ballon ausgiebig an der Kleidung oder den Haaren gerieben und an die Wand gehängt. Welches Team hat zuerst alle Ballons an der Wand?

EIN TURM AUS LUFTBALLONS

Die Kinder sollen gemeinsam einen möglichst großen Turm aus Luftballons bauen. Dazu bekommen sie neben jede Menge aufgeblasener Luftballons, noch Werkzeuge: Schere, Schnur und doppelseitiges Klebeband, Der Turm muss mindestens 10 Sekunden lang frei stehen können, besser ist eine halbe Minute. Sind viele Kinder da, kann man auch in Mannschaften gegeneinander spielen.

ARTIST

Wie viele aufgeblasene Ballons kannst du halten? Du darfst den ganzen Körper einsetzen (Hände, Knie, Arme, Mund...) Aber du darfst dir von niemandem helfen lassen.

DREHEN

Zwei Kinder bilden ein Paar. Sie stehen sich gegenüber und zwischen ihnen ist ein Ballon eingeklemmt. Sie sollen sich beide um die eigene Achse drehen, ohne dass der Ballon herunter fällt. Welches Spielerpaar schafft es am schnellsten?

PUSTEN

Hierzu brauchen wir neben den Ballons noch Watte und Pappbecher.

Die Wattebällchen werden mit Hilfe der entweichenden Luft des aufgeblasenen Ballons in ein Ziel z.B. einen Becher bewegt. Ist keine Luft mehr im Ballon, muss erneut aufgeblasen werden.

Variation: Eine Anzahl Pappbecher stehen auf einem Tisch und müssen mit der Luft aus dem Ballon vom Tisch gepustet werden. Zwei Kinder treten gegeneinander an. Wer schafft es am schnellsten?

NOCH MAL PUSTEN

Jedes Kind versucht, seinen Luftballon durch Pusten möglichst lange in der Luft zu halten.

STAFFELLAUF

Zwei Mannschaften treten gegeneinander an. Beim Startsignal muss der erste Läufer jeder Mannschaft den Luftballon erst aufblasen. Dann müssen sie versuchen mit dem Luftballon zwischen den Knien eine festgelegte Strecke zurückzulegen und den Ballon an den nächsten Spieler weiter zu geben. Der Spieler der als letzter ins Ziel läuft, lässt den Ballon los und versucht, ihn durch drauf setzen zum Platzen zu bringen

Variation: Wenn zu wenig Kinder da sind, um zwei Mannschaften zu bilden, beginnen alle gleichzeitig.

BALLONRASUR

Als zusätzliches Material brauchen wir Rasier-schaum und einen Einwegrasierer.

Dem Ballon wird zunächst ein Gesicht aufgemalt, dann bekommt er mit Rasier-schaum einen Bart. Ein Kind darf nun versuchen mit dem Rasierer vorsichtig den Ballon zu „ra-sieren". Wenn der Ballon platzt sollte man da-mit rechnen, dass ordentlich Schaum herum-spritzt.

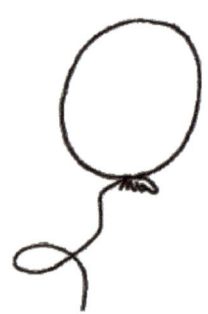

DER RICHTIGE PIEKS

Zusätzlich brauchen wir hierfür: Süssigkeiten, Konfetti, Stab mit Heftzwecke.

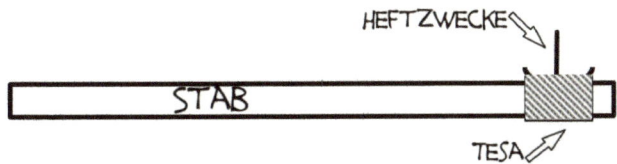

Dieses Spiel ist besonders für Kindergeburtstage oder ein anderes Fest geeignet.

Ein Ballon oder mehrere werden zuvor mit kleinen Süssigkeiten füllt (zum besseren Einfüllen der Ballons kann man den Ballonhals mit zwei Teelöffeln etwas auseinander ziehen), dann aufblasen, zuknoten und mit einer im Raum gespannten Schnur oder an der Decke aufhängen. Die Kinder bekommen nach der Reihe einen Stab an dessen Ende eine Reisszwecke befestigt ist, um damit mit verbundenen Augen einen Ballon zum Platzen zu bringen. Die Süssigkeit die herausfällt, gehört ihnen.

Man kann natürlich auch, um die Spannung zu erhöhen, Nieten mit einbauen, Bälle die nur Konfetti enthalten.

Dieses Spiel stammt ursprünglich aus China, wo Tongefäße zerschlagen wurden. Es kam mit anderen Produkten über die Seidenstraße in den Mittelmeerraum, wo es eine eigene Tradition fand. Hier, und auch in Lateinamerika, werden Tierfiguren aus Pappmaché für das Spiel hergestellt. Sie werden Piñata genannt.

BALLONTANZ

Wir brauchen noch Schnur für dieses Spiel.

Zwei Kinder tanzen miteinander. Vorher bindet sich jedes Kind einen Luftballon ans Fußgelenk. Jetzt müssen sie versuchen, während des Tanzens den Luftballon des Tanzpartners zum Platzen zu bringen und dabei darauf achten, dass dem eigenen nichts passiert.

Variation: Man kann natürlich den Ballon auch am Rücken (Gürtel) oder an einem beliebigen anderen Körperteil anbinden, wenn die Kinder sich auf einer größeren Fläche bewegen können.

BALLONS ZERTRETEN

Jedes Kind bekommt eine bestimmte Anzahl von Luftballons in einer Farbe, die es aufblasen soll und zugeknotet im Raum verteilt. Nach dem Ertönen eines Startsignals müssen die Kinder versuchen die Bälle ihrer Farbe möglichst schnell zu zertreten. Wer zuerst alle Luftballons seiner Farbe zum Platzen gebracht hat, hat gewonnen.

EIN TEAM

Drei Kinder fassen sich an den Schultern und bilden mit den Armen einen Kreis. Am Boden liegt ein Luftballon. Der muss durch Anstoßen mit den Füßen, Knien etc nach oben über die Köpfe hinaus befördert werden ohne den Kreis zu verlassen. Nur die Hände dürfen nicht zur Hilfe genommen werden.

SAMMELN

Zusätzliches Material: beliebige Gegenstände

E in Spiel für zwei Teams oder jeder gegen jeden. Jeweils zwei Spieler klemmen sich einen Luftballon zwischen die Stirn und müssen auf einer Laufstrecke die vorher auf dem Boden ausgelegten Gegenstände möglichst schnell aufheben, ohne dass der Ballon dabei herunter fällt.

BUMM

S cheinbar eine sehr einfache Aufgabe: einen Ballon aufblasen, zuknoten und gegen den Bauch eines anderen Kindes pressen bis er platzt. Wer schafft es am schnellsten?

RÄTSEL

Zusätzliches Material: Papier, Stift

Jedes Kind bläst einen Ballon auf und steckt einen Zettel mit einer Aufgabe hinein. Dann werden die Ballons zugeknotet, in die Luft geworfen und im Raum verteilt. Jedes Kind schnappt sich einen Ballon und versucht, ihn durch Draufsetzen zum Platzen zu bringen. Danach versucht es die Aufgabe, die in dem Ballon enthalten ist, zu lösen.

Variation: Jedes Kind beschreibt sich selbst mit drei Sätzen, die es auf einen Zettel schreibt und in den Ballon steckt. Weiter wie oben beschrieben. Die Kinder müssen nun raten, um wen es sich handelt bzw. wer diesen Zettel geschrieben hat

NOCH EIN STAFFELLAUF

Dazu braucht man etwas Platz, eine größere Sporthalle oder im Freien. Zwei Personen einer Mannschaft laufen gleichzeitig los und versuchen den Ballon über die gesamte Rennstrecke hinweg immer hin und her zu werfen, ohne ihn länger als 1 Sekunde festzuhalten oder ihn fallen zu lassen.

Variation: Sich den Ballon mit Schlägern zuspielen. (Tischtennisschläger, Federballschläger, Softballschläger, Fliegenklatsche)

VIEL LUFT

Wer kann mit 5 tiefen Atemzügen den größten Ballon aufpusten?

Variation: dabei hüpfen oder tanzen

MATHE-GENIE

Zwei Mannschaften treten gegeneinander an. Ein Kind aus der einen Gruppe darf einen Ballon aufblasen und das Kind aus dem anderen Team löst in der Zeit bevor der Ballon zerplatzen kann so viele Rechenaufgaben wie möglich.

Dann startet das nächste Zweier Team.

$$7 + 9 = ?$$

LIMBO

Material: 2 Stühle, Schnur

Zwei Stühle im Abstand von ca.1,5m-2m von einander entfernt aufstellen. Mehrere Schnüre werden nun zwischen ihnen auf verschiedener Höhe im Zickzack gespannt. An den Schnüren wird ab und an ein aufgeblasener Ballon angeknotet. Um den Stühlen Stabilität zu geben, damit sie nicht umfallen, setzt sich jeweils ein Kind darauf, während das dritte Kind versucht durch die Schnüre zu klettern ohne einen Ballon zu berühren. Bewegt sich ein Ballon, weil das Kind dagegen gestoßen ist, wird gewechselt und das nächste Kind darf versuchen durch das Hindernis zu steigen. Ist es geschafft und die Aufgabe wurde bewältigt, werden die Schnüre weiter nach unten geschoben oder so verändert, dass dieser Hindernisparcour schwieriger wird.

Die Schnur kann an der Stuhllehne befestigt werden, aber auch ganz weit unten an den Stuhlbeinen, so dass die Kinder versuchen unter der Schnur hindurch zu kriechen.

TREFFEN

Wir brauchen an zusätzlichem Materialien kleine Bälle, Steine oder Kastanien.

Verschieden große Ballons werden an Ästen aufgehängt. Der größte Ballon bekommt die Zahl 1 und dann bei immer kleineren Ballons die nächst höhere Punktzahl. Die Kinder versuchen nach der Reihe die Ballons mit Bällen, Steinchen oder Kastanien zu Treffen. Jeder hat 3 Würfe, der kleinste Ballon erzielt die meisten Punkte. Die Punktzahl wird notiert.

ICH FINDE MEINEN BALLON

Jedes Kind bläst einen Ballon beliebig groß auf und beschriftet ihn mit seinem Namen. Danach werden alle Ballons durcheinander im Raum verteilt und jedes Kind muss versuchen seinen Ball nur durch Tasten wieder zu erkennen.

DIE RIESENSCHLANGE

Die Kinder stehen hintereinander und bilden eine lange Schlange. Es wird jeweils ein Ballon zwischen Bauch und Rücken geklemmt. Auf ein Signal hin laufen die Kinder los zu einem vorher markierten Punkt. Dabei darf die Schlange nicht „auseinander reissen". Die Ballons sollen nicht herunterfallen und dürfen nicht mit den Händen festgehalten werden.

Variation: Es wird zuvor ein Parkour aufgebaut, so dass die Schlange sich um Hindernisse winden muss.

DURCH DIE BEINE

Es spielen zwei Teams, die sich jeweils hintereinander mit etwas Abstand in breitem Stand vornübergebeugt aufstellen. Der Spieler am Kopf der Schlange jeder Gruppe erhält einen aufgeblasenen Luftballon. Auf ein Startsignal hin, beugt sich dieser nach vorne und reicht den Ballon durch die Beine nach hinten zum nächsten Spieler durch. Dieser nimmt den Ball entgegen und gibt ihn wiederum durch die Beine hindurch dem nächsten Kind weiter. Der letzte Spieler in der Schlange schnappt sich den entgegen genommenen Luftballon, rennt an den Anfang der Reihe und gibt den Ballon durch die Beine wieder nach hinten weiter. Das Spiel ist beendet, wenn jedes Kind einmal als erster Spieler in der Reihe stand. Welches Team ist am Schnellsten???

34

WASSERBALLONS

WASSERBALL-
KATAPULT

Dieses Spiel ist besonders gut für eine größere Gruppe zwischen acht und sechzehn Kindern geeignet, die in zwei Mannschaften aufgeteilt werden.

Zusätzlich zu einem mit Wasser gefüllten Ballon benötigen wir noch zwei große Tücher und eine Feldabtrennung, wie z.B. ein Volleyballnetz oder eine einfache Schnur.

Jedes Team bekommt nun ein Tuch, welches an den Ecken und Rändern von den Kindern gehalten wird, so dass es frei in der Luft hängt und als eine Art Auffangkorb für den Ball dient.

Eine Münze entscheidet, welche Mannschaft beginnt.

Und los geht es. Die Kinder der Startmannschaft driften ein wenig auseinander und bringen so ihr Tuch unter Spannung. Sie müssen gleichzeitig das Tuch anheben, denn der Wasserball der auf dem Stoff liegt, muss nach oben geschleudert werden, über das Netz in die gegnerische Mannschaft hinein.

Die Spieler dürfen das Tuch nicht loslassen, sonst fällt der Ball auf den Boden. Auch sollte die Richtung stimmen, in die der Wasserball fliegt. Das braucht ein bisschen Übung.

Wenn es gelingt, ist nun die gegnerischen Mannschaft gefordert. Sie muss versuchen den Wasserball geschickt mit dem Tuch aufzufangen. Da ist Teamarbeit gefragt!

Ist der Ballon geschnappt, wird es Zeit, ihn wieder über das Netz zu katapultieren.

Wenn ein Wasserballon es nicht über das Netz schafft, bekommt die gegnerische Mannschaft einen Punkt. Ebenso wenn ein Ball nicht aufgefangen wurde.

Variation: Mit dem Tuch werden gleich mehrere Bälle hochgeschleudert und aufgefangen

WEITWURF

Mehrere verschiedenfarbige Ballons werden mit Wasser gefüllt, um sie zu beschweren.

Dann wird eine Linie mit Kreide am Boden gezogen, die die Werfer nicht übertreten dürfen. Auch eine Markierung mit Steinchen oder Stöcken ist möglich.

Nacheinander versuchen die Kinder nun den Wasserball ihrer Farbe möglichst weit weg zu schleudern. Jedes Kind hat eine andere Farbe, so kann man am Ende des Spiels den Sieger ermitteln.

Variation: Dieses Spiel ist auch mit mehreren Teams spielbar, denen jeweils eine Farbe zugeordnet wird.

Welches Team wirft seine Ballons am weitesten? Auch hier sollten ausreichend Wasserballons vorrätig sein!

BALANCIEREN

Dieses Spiel ist wiederum für größere Gruppen geeignet. Zwei Mannschaften werden gebildet.

Es wird ein Start-und ein Zielpunkt bestimmt. Die Teilnehmer einer Mannschaft stellen sich jeweils nacheinander am Startpunkt in einer Schlange auf. Die ersten beiden Läufer rennen nach dem Ertönen des Startsignals Richtung Ziel los. Aber natürlich nicht ohne einen mit Wasser gefüllten Ballon! Diesen müssen sie auf der Pappe einer Küchenrolle oder einer anderen stabilen Papprolle z.B. von Aluminiumpapier ans Ziel transportieren, ohne den Wasserballon herunterfallen zu lassen. Das erfordert Geschicklichkeit und schnell wird klar, dass Rennen hier fehl am Platz ist.

Ist der Ballon auf den Boden gefallen, darf das Kind stehen bleiben. den Ballon wieder aufheben und ihn erneut auf der Papprolle fixieren. Dann kann es vorsichtig in Richtung Ziel gehen, dabei den Wasserballon balancierend. Am Ziel angekommen, macht das Kind eine Kniebeuge (schwierig!), dreht um und geht wieder zurück zum Startpunkt, um dort den Wasserball an das nächste Kind zu übergeben. Dabei ist Finger-

spitzengefühl und Konzentration gefragt.
Die Mannschaft deren letzter Läufer als Erstes
wieder am Startpunkt angekommen ist hat gewonnen.

DAS LETZTE EINHORN

Für dieses Spiel ist vorab etwas Vorbereitung nötig. Man braucht eine Nähnadeln, Reißbrettstift oder einen dünnen Nagel, den man in einen Korken steckt. Diesen klebt man auf einen alten Fahrradhelm oder befestigt ihn auf einer Kappe oder einem Hut. Dann wird eine Wäscheleine gespannt, an der zahlreiche Wasserballons aufgehängt werden.

Nun kann das Spiel los gehen. Zwei Kinder bilden zusammen ein Einhorn. Dafür muss ein Kind den präparierten Helm aufsetzen und das andere nimmt seinen Partner auf die Schultern oder Huckepack.
Ziel des Spiels ist es in 2 Minuten möglichst viele Ballons mit dem spitzen Hut zum Platzen zu bringen.

Die übrigen Kinder dürfen das Spielerpaar kräftig anfeuern.
Ein erfrischendes Sommerspiel, bei dem man genügend Wasserbomben und trockene Wechselkleidung für die Kinder zur Hand haben sollte.

WASSERBOMBEN STAFETTE

Man füllt mindestens 20 Ballons mit Wasser und verteilt diese auf zwei Körbe.

Dann bildet man zwei Gruppen. Jedes Team erhält einen Korb mit der gleichen Anzahl an Wasserbällen.

Die Personen einer Gruppe sollten jeweils 3-4 Meter von einander entfernt stehen.

Sobald der Startruf erklingt, schnappt sich das erste Kind jedes Teams einen Ballon aus dem Behälter und wirft ihn dem nächsten Kind zu. Dieses muss versuchen den Ball möglichst schnell zu fangen und auch möglichst schnell wieder an seinen Nachbarn weiterzugeben. Das letzte Kind in der Reihe darf den gefangenen Ball in einen Sammelbehälter werfen. So wird ein Ballon nach dem anderen durch die Reihen geworfen.

Kann ein Ball nicht aufgefangen werden und fällt auf den Boden oder rollt weg, ist Eile angesagt. Schnell sollte das Kind versuchen den Ballon wieder zu greifen, um die verlorene Zeit aufzuholen. Welche Gruppe hat als erstes alle 10 Bälle in ihrem Sammelbehälter?

Natürlich kann man auch deutlich mehr Wasserballons nehmen, viele Gruppen können gegeneinander spielen und auch die Stafette an Kindern kann beliebig lang sein, dadurch ist es auch für Großgruppen ein einfaches Spielvergnügen.

WASSER-SCHLACHT

Bei diesem Spiel benötigt man außer den Luftballons und warmen Temperaturen, noch einen Basketballschläger für Kinder bzw. ein stabiles Papprohr, einen Stock oder ähnliches und eine Augenbinde.

Die Ballons werden mit Wasser gefüllt und an einer Leine im Garten befestigt. Das Kind das beginnt, bekommt die Augen verbunden. Es muss nun versuchen die Ballons mit dem Schläger zu zerschlagen. Die anderen Kinder helfen ihm durch zurufen und geben ihm Richtungsweisungen. Zerplatzt der Ballon, erhält der Spieler eine angenehme Abkühlung und das nächste Kind darf nun sein Glück versuchen.

HEISSE KARTOFFEL

Die Kinder sitzen in einem Kreis auf dem Boden. Ein mit Wasser gefüllter Ballon wird von Kind zu Kind geworfen, während ein Musikstück spielt. Der Spielleiter stoppt nun in unregelmäßigen Abständen immer wieder die Musik. Das Kind welches den Spielball in dem Moment wenn das Lied stoppt, gerade in

der Hand hält oder als letztes berührt hat, scheidet aus. Somit versucht jedes Kind den Wasserball so schnell wie möglich in der Runde weiterzugeben.
Die Person die übrig bleibt, hat gewonnen.

DEN BALLON ROLLEN

Jedes Kind erhält einen mit Wasser gefüllten Ballon. Man bestimmt einen Start- sowie Zielpunkt und händigt jedem Teilnehmer eine feste Papprolle aus. Dann kann es losgehen. Sobald das Startsignal ertönt ist, versuchen die Kinder ihren Ball durch Anschubsen mit der Papprolle in Richtung Ziel zu rollen. Zu kräftiges Anstoßen des Ballons bewirkt dass er platzt, darum muss man ihn behutsam vorwärts schieben. Auch soll der Ballon rollen, nicht fliegen. Wenn er dennoch reißt, flitzt die Person zurück zum Startpunkt und beginnt mit einem neuen Wasserball, während die anderen vielleicht schon auf der Zielgeraden sind.

Wer schafft es als Erstes ans Ziel?

WASSERBRENNBALL

Die Kinder werden in zwei Teams und zwei Spielfelder aufgeteilt. Jeder Spieler bekommt mindestens einen mit Wasser gefüllten Ballon. Es sollten immer genügend Wasserbälle vorhanden sein. Ziel ist es einen Spieler der gegnerischen Mannschaft mit dem Wasserball zu treffen. Wer getroffen wurde scheidet aus. Die Mannschaft mit dem zuletzt übrig gebliebenen, nicht getroffenen Mitspieler gewinnt. Wunderbares Spiel bei heißem Wetter!

WASSERBALL-STAFFELLAUF

Zwei Mannschaften brauchen wir für dieses Spiel. Eine Rennstrecke wird vorgegeben an deren Ende zwei Stühle platziert werden. Nach dem Startsignal rennen die Kinder los zu ihrem Stuhl, auf dessen Sitz ein mit Wasser gefüllter Ballon liegt. Die Kinder setzen sich darauf und versuchen den Wasserball so zum Platzen zu bringen, während ihre Teamkameraden sie anfeuern. Ist das geschafft, laufen die Kinder zurück zum Startpunkt und tippen den nächsten Läufer an. Wie bei einem Staffellauf rennt dieser nun wieder zu dem Stuhl um den nächsten Ballon zu zerdrücken. Das Team, dass zuerst alle Ballon zum Platzen gebracht hat und ins Ziel läuft, hat gewonnen. Darauf achten, dass immer genug gefüllte Ballons vorhanden sind und diese rechtzeitig auf dem Sitz liegen!

ACTIVITY-WASSERBALL

Eine Vielzahl von Wasserbällen werden gefüllt. Mit wasserfesten Stiften wird jeweils ein Verb darauf geschrieben, z.B. lachen, hüpfen, tanzen, singen...
Dann kann das Spiel beginnen. Die Bälle werden durcheinander am Boden verteilt und jedes Kind muss sich einen Ballon greifen und die Aktivität die darauf geschrieben steht ausführen. Danach wird der Wasserballon dem nächsten Kind zugeworfen, welches dann den geschriebenen Spaß ausführen darf usw.
Alles in Allem ein großes lautes und lustiges Durcheinander, was allen Kindern viel Freude bereitet.

STOPP-SPIEL

Man benötigt hierbei immer einen mit Wasser gefüllten Ballon weniger als man Mitspieler hat (5 Spieler – 4 Ballons)

Die Ballons werden im Gras verteilt und eine Musik ertönt. Die Kinder gehen von Ballon zu Ballon und wenn die Musik stoppt, muss jedes Kind versuchen sich zügig auf einen der Ballons zu setzen. Das Kind das keinen mehr erwischt scheidet aus.

WASSERBALL-YOYO

Ein Gummiband wird noch benötigt.
Jedes Kind bekommt einen mit Wasser befüllten Luftballon und befestigt daran ein Gummiband. Dann versuchen die Kinder damit YoYo zu spielen. Das bedarf ein wenig der Übung und ist gar nicht so einfach! Wer kann seinen Wasserball im Takt auf und ab bewegen? Wer schafft es am längsten?

WER MACHT DEN EIMER VOLL?

Zusätzliches Material: 4 große Eimer
In diesem Spiel geht es um Schnelligkeit!

Die Kinder werden in zwei Mannschaften aufgeteilt. Jedes Kind erhält einen ungefüllten Ballon. Am Startpunkt steht ein großer gefüllter Wasserbehälter ebenso am Zielpunkt.
Nach ertönen des Startsignals versuchen die Kinder möglichst viel Wasser aus dem Eimer am Startpunkt in ihren Ballon einzufüllen und rennen dann damit zum Zielpunkt um dort das gesammelte Wasser in den Behälter zu füllen. Die Mannschaft, die als erstes ihren Eimer am Ziel voll hat, gewinnt.

TRICKS UND EXPERIMENTE

EISBALLONS

Um Eisballons herzustellen benötigt man zusätzlich zu den Ballons und dem Wasser auch noch Farbe sowie ein „eisiges Plätzchen". Experimentieren wird hier groß geschrieben.

Wasserfarben haben fast alle Kinder zu Hause, die kann man genauso gut nutzen wie Aquarellfarbe, Tinte oder Lebensmittelfarbe. Am einfachsten ist es, wenn ihr eine leere Flasche mit Wasser füllt und in diese die Farbe hinein tropft. Dann die Flasche verschließen und kräftig schütteln. Seid ihr mit dem Farbergebnis zufrieden? Wenn nicht, könnt ihr noch etwas Farbe hineingeben. Es macht auch Spaß die Farben zu mischen, habt ihr das schon versucht?

Danach den Ballon vorsichtig über den geöffneten Flaschenhals stülpen. Nun die Flasche umdrehen und die Flüssigkeit in den Ballon laufen lassen. Zur Sicherheit sollte man dies über dem Waschbecken, der Badewanne oder im Freien machen. Wenn keine leere Flasche vorhanden ist, besteht auch die Möglichkeit etwas Farbe in den Ballon zu tropfen und ihn direkt am Wasserhahn aufzufüllen. Aufpassen, dass er nicht reißt!

Den Ballon gut zuknoten und ins Eisfach legen.
Vielleicht ist es gerade Winter und sehr kalt
draußen? Dann könnt ihr die Eisballons auch
über Nacht raus in den Garten oder auf den
Balkon legen.
Sind die Ballons gefroren, könnt ihr die Hülle
entfernen und die wunderbar farbigen Eisbälle
bewundern!

GEHEIMNIS IM EIS

Wenn ihr kleine Plastikfiguren z.B. Tiere,
Dinos oder kleine Superhelden gesammelt habt, könnt ihr versuchen
diese in einen Ballon hinein zu schieben. Man
muss sehr vorsichtig sein, sonst reißt die Hülle.
Wenn es gelungen ist, den Ballon mit Wasser
auffüllen und ein paar Stunden ins Eisfach legen. Sobald alles gut durchgefroren ist, die Eis-
kugel wieder aus dem Gefrierfach nehmen.

Das Geheimnis im Eis kann zur großen Überra-
schung in der Badewanne oder auch bei einer
Poolparty im Garten werden.

BALLON IN DER FLASCHE

Wir brauchen dazu folgendes Material: Einen Luftballon, eine normalgroße Flasche, ein Trinkhalm und viel Puste.

Steck deinen Luftballon in die Flasche und bitte deinen Freund zu versuchen, ihn aufzublasen.

Es wird nicht funktionieren, weil bereits Luft in der Flasche ist.

Mit einem Trick kannst du diese Schwierigkeit umgehen.

Steck einen Trinkhalm zwischen Flaschenhals und Luftballon, so kann die Luft aus der Flasche entweichen und du kannst den Luftballon in der Flasche aufblasen. Wenn du den Trick mit dem Strohhalm nicht verrätst, werden deine Freunde pusten und staunen!

DIE LUFTBALLON-
SIRENE

Du brauchst den Luftballon und Streich-
hölzer

Den Luftballon aufpusten und für den Heuler
ein etwa drei Zentimeter langes Streichholz-
Stück in das Mundstück des aufgeblasenen Luftballons quer einspannen.

Dann den Luftballon sausen lassen!

Der Heulton wird allen einen gehörigen Schre-
cken einjagen.

DER TRICK MIT DER NADEL

Luftballon, Tesafilm und eine Stecknadel

Wenn du den Trick vorführen willst, musst du deinen Luftballon vorbereiten. Klebe an einer beliebigen Stelle deines aufgeblasenen Ballons ein mindestens 5 Zentimeter langes Stückchen Tesafilm auf.

Du zeigst deinem Publikum den aufgeblasenen Ballon. Dann machst du eine geheimnisvolle Geste und sprichst eine Zauberformel. Dabei näherst du dich mit der Nadel langsam der Stelle des Ballons, wo du den Tesafilm aufgeklebt hast. Wenn du hinein stichst, möglichst mitten in den Tesafilm, wird der Ballon heil bleiben. Zieh die Nadel wieder hinaus. Bevor jemand auf die Idee kommt, den Ballon näher zu untersuchen, stichst du, wieder mit einer Zauberformel, an einer anderen Stelle in den Ballon und er platzt.

DIE BALLONRAKETE

Material: Schnur, Strohalm, Klebeband, Schere, 2 Stühle

Zwei Stühle mit etwas Abstand von einander aufstellen und eine etwas 2m lange Schnur an der Stuhllehne eines Stuhles befestigen. Auf diese Schnur einen Strohalm auffädeln und das Ende der Schnur am anderen Stuhl anknoten. Dann zwei etwa 5cm lange Klebebänder auf den Strohhalm ziemlich mittig mit etwas Abstand aufkleben. Nun einen aufgeblasenen Luftballon auf die Klebebänder setzen und so am Strohhalm befestigen. Den Ballon nicht verknoten, die Öffnung nur mit der Hand zuhalten.

Dann den Strohhalm mit dem Ballon zum Ende der Schnur zu einem Stuhls ziehen und loslassen! Die Luft entströmt nun aus dem Ballon und lässt ihn mit dem Strohalm in die entgegengesetzte Richtung wie eine Rakete über die Schnur zum anderen Stuhl hin schießen.
Ein lustiges Spiel mit viel Action und gleichzeitig ein tolles Experiment, welches die Druckkraft der Luft zeigt!

DER GEISTERBALLON

Du brauchst für diesen Trick: einen Luftballon, 1 Päckchen Backpulver, Essig, einen kleinen Trichter und eine normale Flasche mit schmalem Hals,

Zuerst füllst du die Flasche zu einem Drittel mit Essig.

Dann füllst du mit Hilfe des Trichters den Luftballon mit dem Backpulver. Vielleicht hilft dir ein Erwachsener dabei, damit auch nichts daneben geht.

Jetzt stülpst du den den gefüllten Luftballon vorsichtig über die Flaschenöffnung, aber du musst aufpassen, dass dabei noch kein Backpulver in die Flasche gelangt. Der Ballon sollte dann schlaff seitlich neben dem Flaschenhals herunter hängen.

Nun hebst du den Ballon an, damit das Backpulver in die Flasche rieseln kann. Es sollte in der Flasche anfangen zu brodeln, der Luftballon richtet sich auf und wird größer. Der Trick funktioniert leichter, wenn du den Ballon vorher schon mal aufgepustet hattest.

Der Trick beruht auf einer ziemlich heftigen chemische Reaktion. Wenn das Backpulver sich mit dem Essig verbindet, entsteht Kohlendioxid (CO_2). In der Flasche beginnt es zu sprudeln, das Gas steigt durch den Flaschenhals auf und wird von dem Luftballon aufgefangen. Es entsteht ein so großem Druck, dass es den Ballon aufpustet.

FEUERZAUBER

Du brauchst zwei Luftballons und ein Teelicht. Und mach das bitte nicht ohne Aufsicht.
Puste den Ballon auf und halte ihn über das Teelicht. Es passiert genau das, was du erwartest. Der Ballon platzt.
Nun fülle in den zweiten Ballon etwas Wasser. Dann puste ihn auf und halte ihn über das Teelicht.
Erstaunlich, nicht wahr.

HEISSE LUFT

Benötigte Materialien: Ein Luftballon, eine leere feste Plastikflasche, eine Schüssel oder Wanne und heißes Wasser.

Blase den Luftballon vorher einige Male auf, damit er weicher wird. Du stülpst den Luftballon über den Hals der Plastikflasche. Nun gießt du vorsichtig etwas heißes Wasser in die Schüssel. Vorsichtig! Heißes Wasser ist heiß!
Anschließend stellst du die Flasche mit dem Luftballon in die Schüssel mit dem warmen Wasser. Du musst die Flasche etwas festhalten, damit sie nicht umkippt.
Sobald du die Flasche mit dem Luftballon in das warme Wasser stellst, bläst der Ballon sich auf. Je kälter die Flasche ist und je heißer das Wasser, umso mehr bläst sich der Luftballon auf.

Was ist passiert? Wenn du die Flasche in das warmes Wasser stellst, erwärmt sich die Luft in der Flasche und dehnt sich aus. Die Luft benötigt dann mehr Platz. Da die harte Flasche sich nicht ausdehnen kann, der Luftballon aber weich ist, wird er durch die warme Luft aufgeblasen.

Capt. Swings
geheime Bibliothek

An einem geheimen Ort lagert ein Schatz von Büchern, voller Staub und dem Wissen der Menschheit. Ein Team begeisterter Forscher arbeitet sich durch die Stapel. Ständig wieder überrascht von den verschiedenen Themen, die leider nicht geordnet wurden. Nein, eine Ordnung gibt es nicht.

Web: captswing.jimdofree.com
Instagram: captswings
facebook.com/captswings
Twitter: @CaptSwings

Altes Brot

Melanie Koßmann zeigt mit 50 Rezepten, wie man altes Brot in köstliche Speisen verwandelt und somit auch noch Geld spart.
Man kann alte Brotreste in Vorspeisen, Hauptgerichten, beilagen sowie Desserts hervorragend weiter verwerten.

Paperback 110 Seiten
ISBN-13: 9783755700920
9,95 €

Das kleine Bruschetta-Buch

Die 40 besten Rezepte

Bruschetta war in früheren Zeiten ein „Arme- Leute-Es-sen" und ist ein italienisches Antipasti. Es gibt unzählige Variationsmöglichkeiten, von einfach bis extravagant, von traditionell bis zu Gourmet-Crostinis.

Paperback 96 Seiten
ISBN-13: 9783755701279
9,95 €

Liköre selbst gemacht

Selbst gemachter Likör ist immer ein wundervolles Geschenk, welches von Herzen kommt! Ob als Dankeschön für liebe Menschen, als kleines Präsent an Festtagen oder als herzliches Mitbringsel zu einer Einladung.
Wenn der Likör dann noch in der einer phantasievollen Flasche mit selbstgemaltem Etikett steckt, ist er ein echtes liebevolles Unikat.

Paperback 88 Seiten
ISBN 9 783755 715504
8,95 €

Latein für Alle

Latein ist eine alte Sprache, eine tote Sprache, eine Sprache für Akademiker, die sich damit wichtig tun. Wozu Latein? Nun, um sich auch wichtig zu tun? Oder die Wichtigtuer zu verstehen und ihnen vielleicht sogar Kontra geben zu können.

Paperback 70 Seiten
ISBN-13: 9783755700265
7,95 €

Yi Jing Das chinesische Weisheits- und Orakelbuch

Das Yi Jing, das Buch der Wandlungen, ist in einer Sprache voller Symbole und Andeutungen verfasst. Es gibt auch auf Chinesisch die unterschiedlichsten Auslegungen und Kommentare. Für den westlichen Leser oft völlig unverständlich. Die Witwe Cheng hat sich selbst die Texte in knappen Versen notiert. Mit klaren Aussagen. Um diese zu erhalten wurde in der Übersetzung auf die Versform verzichtet.

Paperback 88 Seiten
ISBN 9 783755 716594
9,95 €

Das LSD Tattoo und andere urbane Legenden

Auf der Party, in der Kneipe, am Arbeitsplatz, im Warte-
zimmer, beim Friseur, überall, wo man Zeit hat und sonst
schon alles gesagt wurde, dort finden sie Verbreitung: Die
modernen Mär- chen, urbane Legenden, Geschichten die
zu schön sind um nicht wahr zu sein.

Paperback 72 Seiten
ISBN-13: 9783755710998
7,95 €

Die 50 besten **Streichholzrätsel**

Auf den ersten Blick sieht es ganz einfach aus. Und dann liegt ein Hölzchen daneben oder fehlt oder man hat sich total verlaufen. Streichholzrätsel sind immer ein kleiner Spass und wer sich mit den besten auskennt, kann immer wieder andere damit verblüffen.

Demnächst in Capt. Swings geheimer Bibliothek

Capt. Swings
geheime Bibliothek